*Das 10. Geschichtsbuch
aus dem Alten Testament der Bibel*

Das Buch Esra

*Von der Rückkehr des Volkes Israels nach
Jerusalem, dem Bau des zweiten Tempels,
dem Dienst Esras am Volk und
der Abkehr des Volkes von sündigen Taten*

*Übersetzung nach
Martin Luther 1545*

Bibliografische Information der Deutschen Nationalbibliothek:
Die Deutsche Nationalbibliothek verzeichnet diese Publikation in der Deutschen Nationalbibliografie; detaillierte bibliografische Daten sind im Internet über http://dnb.dnb.de abrufbar.

TWENTYSIX – Der Self-Publishing-Verlag

Eine Marke der Books on Demand GmbH

Herstellung und Verlag:
BoD – Books on Demand, Norderstedt

ISBN: 978-3-740-78257-3

Übersetzung: **Martin Luther 1545**

Layout, Schriftsatz, Formatierung:
Antonia Katharina Tessnow
www.antonia-katharina.de

1. Kapitel

Cyrus gibt den Juden Freiheit zur Rückkehr, um den Tempel zu bauen.

1 Im ersten Jahr des Kores, des Königs in Persien (daß erfüllt würde das Wort des HERRN durch den Mund Jeremia's geredet), erweckte der HERR den Geist des Kores, des Königs in Persien, daß er ausrufen ließ durch sein ganzes Königreich, auch durch Schrift, und sagen:

2 So spricht Kores, der König in Persien: Der HERR, der Gott des Himmels, hat mir alle Königreiche der Erde gegeben, und hat mir befohlen, ihm ein Haus zu bauen zu Jerusalem in Juda.

3 Wer nun unter euch seines Volkes ist, mit dem Sei Gott, und er ziehe hinauf gen Jerusalem in Juda und baue das Haus des HERRN, des Gottes Israels. Er ist der Gott, der zu Jerusalem ist.

4 Und wer noch übrig ist an allen Orten, da er Fremdling ist, dem sollen helfen die

Leute seines Orts mit Silber und Gold, Gut und Vieh, außer dem, was sie aus freiem Willen geben zum Hause Gottes zu Jerusalem.

5 Da machten sich auf die Obersten der Vaterhäuser aus Juda und Benjamin und die Priester und Leviten, alle, deren Geist Gott erweckte, hinaufzuziehen und zu bauen das Haus des HERRN zu Jerusalem.

6 Und alle, die um sie her waren, stärkten ihre Hände mit silbernem und goldenem Geräte, mit Gut und Vieh und Kleinoden, außer dem, was sie freiwillig gaben.

7 Und der König Kores tat heraus die Gefäße des Hauses des HERRN, die Nebukadnezar aus Jerusalem genommen hatte und in seines Gottes Haus getan hatte.

8 Aber Kores, der König in Persien, tat sie heraus durch Mithredath, den Schatzmeister; der zählte sie dar Sesbazar, dem Fürsten Juda's.

9 Und dies ist ihre Zahl: dreißig goldene Becken und tausend silberne Becken, neunundzwanzig Messer,

10 dreißig goldene Becher und der

andern, silbernen Becher vierhundertundzehn und anderer Gefäße tausend,

11 daß aller Gefäße, golden und silbern, waren fünftausend und vierhundert. Alle brachte sie Sesbazar herauf mit denen, die aus der Gefangenschaft von Babel heraufzogen gen Jerusalem.

2. Kapitel

Verzeichnis der zurückkehrenden Juden, ihre Beisteuer zum Tempelbau.

1 Dies sind die Kinder der Landschaft, die heraufzogen aus der Gefangenschaft, die Nebukadnezar, der König zu Babel, hatte gen Babel geführt und die wieder gen Jerusalem und nach Juda kamen, ein jeglicher in seine Stadt,

2 und kamen mit Serubabel, Jesua, Nehemia, Seraja, Reelaja, Mardochai, Bilsa, Mispar, Bigevai, Rehum und Baana. Dies ist nun die Zahl der Männer des Volkes Israel:

3 der Kinder Parevs zweitausend hundert und zweiundsiebzig;

4 der Kinder Sephatja dreihundert und zweiundsiebzig;

5 der Kinder Arah siebenhundert und fünfundsiebzig;

6 der Kinder Pahath-Moab, von den Kindern Jesua, Joab, zweitausend achthundertundzwölf;

7 der Kinder Elam tausend zweihundertvierundfünfzig;

8 der Kinder Satthu neunhundert und fünfundvierzig;

9 der Kinder Sakkai siebenhundert und sechzig;

10 der Kinder Bani sechshundert und zweiundvierzig;

11 der Kinder Bebai sechshundert und dreiundzwanzig;

12 der Kinder Asgad tausend zweihundert und zweiundzwanzig;

13 der Kinder Adonikam sechshundert und sechsundsechzig;

14 der Kinder Bigevai zweitausend und sechsundfünfzig;

15 der Kinder Adin vierhundert und vierundfünfzig;

16 der Kinder Ater von Hiskia achtundneunzig;

17 der Kinder Bezai dreihundert und dreiundzwanzig;

18 der Kinder Jorah hundertundzwölf;

19 der Kinder Hasum zweihundert und dreiundzwanzig;

20 der Kinder von Gibbar fünfundneunzig;

21 der Kinder von Bethlehem hundertdreiundzwanzig;

22 der Männer von Netopha sechsundfünfzig;

23 der Männer von Anathoth hundertachtundzwanzig;

24 der Kinder von Asmaveth zweihundertvierzig;

25 der Kinder von Kirjath-Arim, Kaphira und Beeroth siebenhundert und dreiundvierzig;

26 der Kinder von Rama und Geba sechshundert und einundzwanzig;

27 der Männer von Michmas hundertzweiundzwanzig;

28 der Männer von Beth-El und Ai zweihundert und dreiundzwanzig;

29 der Kinder von Nebo zweiundfünfzig;

30 der Kinder Magbis hundertsechsundfünfzig;

31 der Kinder des andern Elam tausendzweihundert und vierundfünfzig;

32 der Kinder Harim dreihundertundzwanzig;

33 der Kinder von Lod, Hadid und Ono siebenhundert und fünfundzwanzig;

34 der Kinder von Jericho dreihundert und fünfundvierzig;

35 der Kinder von Senaa dreitausend und sechshundertunddreißig.

36 Der Priester: der Kinder Jedaja vom Hause Jesua neunhundert und dreiundsiebzig;

37 der Kinder Immer tausend und zweiundfünfzig;

38 der Kinder Pashur tausendzweihundert und siebenundvierzig;

39 der Kinder Harim tausend und siebzehn.

40 Der Leviten: der Kinder Jesua und Kadmiel von den Kindern Hodavja vierundsiebzig.

41 Der Sänger: der Kinder Asaph hundertachtundzwanzig.

42 der Kinder der Torhüter: die Kinder Sallum, die Kinder Ater, die Kinder Talmon, die Kinder Akkub, die Kinder

Hatita und die Kinder Sobai, allesamt hundertneununddreißig.

43 Der Tempelknechte: die Kinder Ziha, die Kinder Hasupha, die Kinder Tabbaoth,

44 die Kinder Keros, die Kinder Siaha, die Kinder Padon,

45 die Kinder Lebana, die Kinder Hagaba, die Kinder Akkub,

46 die Kinder Hagab, die Kinder Samlai, die Kinder Hanan,

47 die Kinder Giddel, die Kinder Gahar, die Kinder Reaja,

48 die Kinder Rezin, die Kinder Nekoda, die Kinder Gassam,

49 die Kinder Usa, die Kinder Paseah, die Kinder Beasi,

50 die Kinder Asna, die Kinder der Meuniter, die Kinder der Nephusiter,

51 die Kinder Bakbuk, die Kinder Hakupha, die Kinder Harhur,

52 die Kinder Bazluth, die Kinder Mehida, die Kinder Harsa,

53 die Kinder Barkos, die Kinder Sisera, die Kinder Themah,

54 die Kinder Neziah, die Kinder Hatipha.

55 Die Kinder der Knechte Salomos: Die

Kinder Sotai, die Kinder Sophereth, die Kinder Peruda,

56 die Kinder Jaala, die Kinder Darkon, die Kinder Giddel,

57 die Kinder Sephatja, die Kinder Hattil, die Kinder Pochereth von Zebaim, die Kinder der Ami.

58 Aller Tempelknechte und Kinder der Knechte Salomos waren zusammen dreihundert und zweiundneunzig.

59 Und diese zogen auch mit herauf von Thel-Melah, Thel-Harsa, Cherub, Addon und Immer, aber sie konnten nicht anzeigen ihr Vaterhaus noch ihr Geschlecht, ob sie aus Israel wären:

60 die Kinder Delaja, die Kinder Tobia, die Kinder Nekoda, sechshundert und zweiundfünfzig.

61 Und von den Kindern der Priester: die Kinder Habaja, die Kinder Hakkoz, die Kinder Barsillais, der aus den Töchtern Barsillais, des Gileaditers, ein Weib nahm und ward unter ihrem Namen genannt.

62 Die suchten ihre Geburtsregister, und fanden keine; darum wurden sie untüchtig geachtet zum Priestertum.

63 Und der Landpfleger sprach zu ihnen,

sie sollten nicht essen vom Hochheiligen, bis ein Priester aufstände mit dem Licht und Recht.

64 Der ganzen Gemeinde wie ein Mann waren zweiundvierzigtausend und dreihundertundsechzig.

65 ausgenommen ihre Knechte und Mägde, derer waren siebentausend dreihundert und siebenunddreißig, dazu zweihundert Sänger und Sängerinnen.

66 Und hatten siebenhundert und sechsunddreißig Rosse, zweihundert und fünfundvierzig Maultiere,

67 vierhundert und fünfunddreißig Kamele und sechstausend und siebenhundertzwanzig Esel.

68 Und etliche Oberste der Vaterhäuser, da sie kamen zum Hause des Herrn zu Jerusalem, gaben sie freiwillig zum Hause Gottes, daß man's setzte auf seine Stätte,

69 und gaben nach ihrem Vermögen zum Schatz fürs Werk einundsechzigtausend Goldgulden und fünftausend Pfund Silber und hundert Priesterröcke.

70 Also setzten sich die Priester und die Leviten und die vom Volk und die Sänger

und die Torhüter und die Tempelknechte in ihre Städte und alles Israel in seine Städte.

3. Kapitel

*Errichtung des Brandopferaltars,
Feier des Laubhüttenfests.
Grundlegung des Tempels.*

1 Und da herbeikam der siebente Monat und die Kinder Israel nun in ihren Städten waren, kam das Volk zusammen wie ein Mann gen Jerusalem.

2 Und es machte sich auf Jesua, der Sohn Jozadaks, und seine Brüder, die Priester, und Serubabel, der Sohn Sealthiels, und seine Brüder und bauten den Altar des Gottes Israels, Brandopfer darauf zu opfern, wie es geschrieben steht im Gesetz Mose's, des Mannes Gottes,

3 und richteten zu den Altar auf seine Stätte (denn es war ein Schrecken unter ihnen vor den Völkern in den Ländern) und opferten dem HERRN Brandopfer darauf des Morgens und des Abends.

4 Und hielten der Laubhütten Fest, wie geschrieben steht, und taten Brandopfer alle Tage nach der Zahl, wie sich's gebührt, einen jeglichen Tag sein Opfer,

5 darnach auch die täglichen Brandopfer und der Neumonde und aller Festtage des HERRN, die geheiligt sind, und allerlei freiwillige Opfer, die sie dem HERRN freiwillig taten.

6 Am ersten Tage des siebenten Monats fingen sie an, dem HERRN Brandopfer zu tun. Aber der Grund des Tempels war noch nicht gelegt.

7 Sie gaben aber Geld den Steinmetzen und Zimmerleuten und Speise und Trank und Öl denen zu Sidon und zu Tyrus, daß sie Zedernholz vom Libanon aufs Meer gen Japho brächten nach dem Befehl des Kores, des Königs in Persien, an sie.

8 Im zweiten Jahr ihrer Ankunft am Hause Gottes zu Jerusalem, im zweiten Monat, fingen an Serubabel, der Sohn Sealthiels, und Jesua, der Sohn Jozadaks, und die übrigen ihrer Brüder, Priester und Leviten, und alle, die aus der Gefangenschaft gekommen waren gen Jerusalem und bestellten die Leviten von

zwanzig Jahren und darüber, zu treiben das Werk am Hause des HERRN.

9 Und Jesua stand mit seinen Söhnen und Brüdern und Kadmiel mit seinen Söhnen, die Kinder Juda, wie ein Mann, vorzustehen den Arbeitern am Hause Gottes, desgleichen die Kinder Henadad mit ihren Kindern und Brüdern, den Leviten.

10 Und da die Bauleute den Grund legten am Tempel des HERRN, standen die Priester in ihren Kleidern mit Drommeten und die Leviten, die Kinder Asaph, mit Zimbeln, zu loben den HERRN mit dem Gedicht Davids, des Königs über Israel,

11 und sangen umeinander und lobten und dankten dem HERRN, daß er gütig ist und seine Barmherzigkeit ewiglich währet über Israel. Und alles Volk jauchzte laut beim Lobe des HERRN, daß der Grund am Hause des HERRN gelegt war.

12 Aber viele der alten Priester und Leviten und Obersten der Vaterhäuser, die das vorige Haus gesehen hatten, da nun dies Haus vor ihren Augen

gegründet ward, weinten sie laut. Viele aber jauchzten mit Freuden, daß das Geschrei hoch erscholl,

13 also daß das Volk nicht unterscheiden konnte das Jauchzen mit Freuden und das laute Weinen im Volk; denn das Volk jauchzte laut, daß man das Geschrei ferne hörte.

4. Kapitel

Hindernisse des Baues am Tempel und an den Mauern Jerusalems; Anklage gegen die Juden.

1 Da aber die Widersacher Juda's und Benjamins hörten, daß die Kinder der Gefangenschaft dem HERRN, dem Gott Israels, den Tempel bauten,

2 kamen sie zu Serubabel und zu den Obersten der Vaterhäuser und sprachen zu ihnen: Wir wollen mit euch bauen; denn wir suchen euren Gott gleichwie ihr, und wir haben ihm geopfert, seit der Zeit da Asar-Haddon, der König von Assyrien, uns hat heraufgebracht.

3 Aber Serubabel und Jesua und die andern Obersten der Vaterhäuser in Israel antworteten ihnen: Es ziemt sich nicht, uns und euch, das Haus unsers Gottes zu bauen; sondern wir wollen allein bauen dem HERRN, dem Gott Israels, wie uns Kores, der König in Persien, geboten hat.

4 Da hinderte das Volk im Lande die Hand des Volkes Juda und schreckten sie ab im Bauen

5 und dingten Ratgeber wider sie und verhinderten ihren Rat, solange Kores, der König in Persien, lebte, bis an das Königreich Darius, des Königs in Persien.

6 Und da Ahasveros König ward, im Anfang seines Königreichs, schrieben sie eine Anklage wider die von Juda und Jerusalem.

7 Und zu den Zeiten Arthahsasthas schrieb Bislam, Mithredath, Tabeel und die andern ihres Rats an Arthahsastha, den König in Persien. Die Schrift aber des Briefes war syrisch, und er war auf syrisch verdolmetscht.

8 Rehum, der Kanzler, und Simsai, der Schreiber schrieben diesen Brief wider

Jerusalem an Arthahsastha, den König:

9 Wir, Rehum, der Kanzler, und Simsai, der Schreiber, und die andern des Rats: die von Dina, von Arpharsach, von Tarpal, von Persien, von Erech, von Babel, von Susan, von Deha und von Elam,

10 und die andern Völker, welche der große und berühmte Asnaphar herübergebracht und gesetzt hat in die Stadt Samaria und in die andern Orte diesseits des Wassers, und so fort.

11 Und dies ist der Inhalt des Briefes, den sie dem König Arthahsastha sandten: Deine Knechte, die Männer diesseits des Wassers, und so fort.

12 Es sei kund dem König, daß die Juden, die von dir zu uns heraufgekommen sind gen Jerusalem, in die aufrührerische und böse Stadt, bauen sie und machen ihre Mauern und führen sie aus dem Grunde.

13 So sei nun dem König kund: Wo diese Stadt gebaut wird und die Mauern wieder gemacht, so werden sie Schoß, Zoll und jährliche Zinse nicht geben, und ihr Vornehmen wird den Königen Schaden

bringen.

14 Nun wir aber das Salz des Königshauses essen und die Schmach des Königs nicht länger wollen sehen, darum schicken wir hin und lassen es den König zu wissen tun,

15 daß man lasse suchen in den Chroniken deiner Väter; so wirst du finden in denselben Chroniken und erfahren, daß diese Stadt aufrührerisch und schädlich ist den Königen und Landen und macht, daß andere auch abfallen, von alters her, darum die Stadt auch zerstört ist.

16 Darum tun wir dem König zu wissen, daß, wo diese Stadt gebaut wird und ihre Mauern gemacht, so wirst du vor ihr nichts behalten diesseits des Wassers.

17 Da sandte der König eine Antwort an Rehum, den Kanzler, und Simsai, den Schreiber, und die andern ihres Rates, die in Samaria wohnten und in den andern Orten jenseits des Wassers: Friede und Gruß!

18 der Brief, den ihr uns zugeschickt habt, ist deutlich vor mir gelesen.

19 Und ist von mir befohlen, daß man

suchen sollte. Und man hat gefunden, daß diese Stadt von alters her wider die Könige sich empört hat und Aufruhr und Abfall darin geschieht.

20 Auch sind mächtige Könige zu Jerusalem gewesen, die geherrscht haben über alles, was jenseits des Wassers ist, daß ihnen Zoll, Schoß und jährliche Zinse gegeben wurden.

21 So tut nun nach diesem Befehl: Wehrt denselben Männern, daß diese Stadt nicht gebaut werde, bis daß von mir der Befehl gegeben werde.

22 So seht nun zu, daß ihr nicht lässig hierin seid, damit nicht größerer Schade entstehe dem König!

23 Da nun der Brief des Königs Arthahsastha gelesen ward vor Rehum und Simsai, dem Schreiber, und ihrem Rat, zogen sie eilend hinauf gen Jerusalem zu den Juden und wehrten ihnen mit Arm und Gewalt.

24 Da hörte auf das Werk am Hause Gottes zu Jerusalem und blieb nach bis ins zweite Jahr des Darius, des Königs in Persien.

5. Kapitel

*Fortsetzung des Tempelbaus
auf die Weissagung der Propheten
Haggai und Sacharja.
Bericht deshalb an den König Darius.*

1 Es weissagten aber die Propheten Haggai und Sacharja, der Sohn Iddos, den Juden, die in Juda und Jerusalem waren, im Namen des Gottes Israels.

2 Da machten sich auf Serubabel, der Sohn Sealthiels, und Jesua, der Sohn Jozadaks, und fingen an zu bauen das Haus Gottes zu Jerusalem, und mit ihnen die Propheten Gottes, die sie stärkten.

3 Zu der Zeit kam Thathnai, der Landpfleger diesseits des Wassers, und Sethar-Bosnai und ihr Rat und sprachen also zu ihnen: Wer hat euch befohlen, dies Haus zu bauen und seine Mauern zu machen?

4 Da sagten wir ihnen, wie die Männer hießen, die diesen Bau taten.

5 Aber das Auge ihres Gottes war über den Ältesten der Juden, daß ihnen nicht gewehrt ward, bis daß man die Sache an

Darius gelangen ließ und darüber eine Schrift wiederkäme.

6 Dies ist aber der Inhalt des Briefes Thathnais, des Landpflegers diesseits des Wassers, und Sethar-Bosnais und ihres Rats, derer von Apharsach, die diesseits des Wassers waren, an den König Darius.

7 Und die Worte, die sie zu ihm sandten, lauteten also: Dem König Darius allen Frieden!

8 Es sei kund dem König, daß wir ins jüdische Land gekommen sind zu dem Hause des großen Gottes, welches man baut mit behauenen Steinen, und Balken legt man in die Wände, und das Werk geht frisch vonstatten unter ihrer Hand.

9 Wir aber haben die Ältesten gefragt und zu ihnen gesagt also: Wer hat euch befohlen, dies Haus zu bauen und seine Mauern zu machen?

10 Auch fragten wir, wie sie hießen, auf daß wir sie dir kundtäten und die Namen der Männer aufschrieben, die ihre Obersten waren.

11 Sie aber gaben uns solche Worte zur Antwort und sprachen: Wir sind Knechte des Gottes im Himmel und der Erde und

bauen das Haus, das vormals vor vielen Jahren gebaut war, das ein großer König Israels gebaut hat und aufgerichtet.

12 Da aber unsre Väter den Gott des Himmels erzürnten, gab er sie in die Hand Nebukadnezars, des Königs zu Babel, des Chaldäers; der zerbrach dies Haus und führte das Volk weg gen Babel.

13 Aber im ersten Jahr des Kores, des Königs zu Babel, befahl derselbe König Kores, dies Haus Gottes zu bauen.

14 Denn auch die goldenen und silbernen Gefäße im Hause Gottes, die Nebukadnezar aus dem Tempel zu Jerusalem nahm und brachte sie in den Tempel zu Babel, nahm der König Kores aus dem Tempel zu Babel und gab sie Sesbazar mit Namen, den er zum Landpfleger setzte,

15 und sprach zu ihm: Diese Gefäße nimm, zieh hin und bringe sie in den Tempel zu Jerusalem und laß das Haus Gottes bauen an seiner Stätte.

16 Da kam derselbe Sesbazar und legte den Grund am Hause Gottes zu Jerusalem. Seit der Zeit baut man, und es ist noch nicht vollendet.

17 Gefällt es nun dem König, so lasse er suchen in dem Schatzhause des Königs, das zu Babel ist, ob's von dem König Kores befohlen sei, das Haus Gottes zu Jerusalem zu bauen, und sende zu uns des Königs Meinung darüber.

6. Kapitel

*Auf die günstige Antwort des Darius
wird der Tempel vollendet und eingeweiht
und das Passahfest gefeiert.*

1 Da befahl der König Darius, daß man suchen sollte in der Kanzlei im Schatzhause des Königs, die zu Babel lag.

2 da fand man zu Ahmetha im Schloß das in Medien Liegt, ein Buch und stand also darin eine Geschichte geschrieben:

3 Im ersten Jahr des Königs Kores befahl der König Kores, das Haus Gottes zu Jerusalem zu bauen als eine Stätte, da man opfert und den Grund zu legen; zur Höhe sechzig Ellen und zur Weite auch sechzig Ellen;

4 und drei Reihen von behauenen

Steinen und eine Reihe von Holz; und die Kosten sollen vom Hause des Königs gegeben werden;

5 dazu die goldenen und silbernen Gefäße des Hauses Gottes, die Nebukadnezar aus dem Tempel zu Jerusalem genommen und gen Babel gebracht hat, soll man wiedergeben, daß sie wiedergebracht werden in den Tempel zu Jerusalem an ihre Statt im Hause Gottes.

6 So haltet euch nun fern von ihnen, du, Thathnai, Landpfleger jenseits des Wassers, und Sethar-Bosnai und ihr andern des Rats, ihr von Apharsach, die ihr jenseits des Wassers seid.

7 Laßt sie arbeiten am Hause Gottes, daß der Juden Landpfleger und ihre Ältesten das Haus Gottes bauen an seine Stätte.

8 Auch ist von mir befohlen, was man den Ältesten der Juden tun soll, zu bauen das Haus Gottes; nämlich, daß man aus des Königs Gütern von den Renten jenseits des Wassers mit Fleiß nehme und gebe es den Leuten und daß man ihnen nicht wehre;

9 und wenn sie bedürfen junge Farren,

Widder oder Lämmer zum Brandopfer dem Gott des Himmels, Weizen, Salz, Wein und Öl, nach dem Wort der Priester zu Jerusalem soll man ihnen geben jeglichen Tag seine Gebühr, und daß solches nicht lässig geschehe!

10 daß sie opfern zum süßen Geruch dem Gott des Himmels und bitten für das Leben des Königs und seiner Kinder.

11 Von mir ist solcher Befehl geschehen. Und welcher Mensch diese Worte verändert, von des Hause soll man einen Balken nehmen und aufrichten und ihn daran hängen, und sein Haus soll dem Gericht verfallen sein um der Tat willen.

12 Der Gott aber, der seinen Namen daselbst wohnen läßt, bringe um alle Könige und jegliches Volk, das seine Hand ausreckt, daran zu ändern und zu brechen das Haus Gottes in Jerusalem. Ich, Darius, habe dies befohlen, daß es mit Fleiß getan werde.

13 Das taten mit Fleiß Thathnai, der Landpfleger jenseits des Wassers, und Sethar-Bosnai mit ihrem Rat, zu welchem der König Darius gesandt hatte.

14 Und die Ältesten der Juden bauten;

und es ging vonstatten durch die Weissagung der Propheten Haggai und Sacharja, des Sohnes Iddos, und sie bauten und richteten auf nach dem Befehl des Gottes Israels und nach dem Befehl des Kores, Darius und Arthahsastha, der Könige in Persien,

15 und vollendeten das Haus bis an den dritten Tag des Monats Adar, das war das sechste Jahr des Königreichs des Königs Darius.

16 Und die Kinder Israel, die Priester, die Leviten und die andern Kinder der Gefangenschaft hielten Einweihung des Hauses Gottes mit Freuden

17 und opferten auf die Einweihung des Hauses Gottes hundert Farren, zweihundert Widder, vierhundert Lämmer und zum Sündopfer für ganz Israel zwölf Ziegenböcke nach der Zahl der Stämme Israels

18 und bestellten die Priester und die Leviten in ihren Ordnungen, zu dienen Gott, der zu Jerusalem ist, wie es geschrieben steht im Buch Mose's.

19 Und die Kinder der Gefangenschaft hielten Passah am vierzehnten Tage des

ersten Monats;

20 Denn die Priester und Leviten hatten sich gereinigt wie ein Mann, daß sie alle rein waren, und schlachteten das Passah für alle Kinder der Gefangenschaft und für ihre Brüder, die Priester und für sich.

21 Und die Kinder Israel, die aus der Gefangenschaft waren wiedergekommen, und alle, die sich zu ihnen abgesondert hatten von der Unreinigkeit der Heiden im Lande, zu suchen den HERRN, den Gott Israels, aßen

22 und hielten das Fest der ungesäuerten Brote sieben Tage mit Freuden; denn der HERR hatte sie fröhlich gemacht und das Herz des Königs von Assyrien zu ihnen gewandt, daß sie gestärkt würden im Werk am Hause Gottes, der der Gott Israels ist.

7. Kapitel

Esra erhält von Artaxerxes Erlaubnis und Unterstützung zur Einrichtung des Gottesdienstes.

1 Nach diesen Geschichten, da Arthahsastha, der König in Persien, regierte, zog herauf von Babel Esra, der Sohn Serajas, des Sohnes Asarjas, des Sohnes Hilkias,

2 des Sohnes Sallum, des Sohnes Zadoks, des Sohnes Ahitobs,

3 des Sohnes Amarjas, des Sohnes Asarjas, des Sohnes Merajoths,

4 des Sohnes Serahjas, des Sohnes Usis, des Sohnes Bukkis,

5 des Sohnes Abisuas, des Sohnes Pinehas, des Sohnes Eleasars, des Sohnes Aarons, des obersten Priesters.

6 Esra aber war ein geschickter Schriftgelehrter im Gesetz Mose's, das der HERR, der Gott Israels gegeben hatte. Und der König gab ihm alles, was er forderte, nach der Hand des HERRN, seines Gottes, über ihm.

7 Und es zogen herauf etliche der Kinder

Israel und der Priester und der Leviten, der Sänger, der Torhüter und der Tempelknechte gen Jerusalem, im siebenten Jahr Arthahsasthas, des Königs.

8 Und er kam gen Jerusalem im fünften Monat, nämlich des siebenten Jahres des Königs.

9 Denn am ersten Tage des ersten Monats ward er Rats, heraufzuziehen von Babel, und am ersten Tage des fünften Monats kam er gen Jerusalem nach der guten Hand Gottes über ihm.

10 Denn Esra schickte sein Herz, zu suchen das Gesetz des HERRN und zu tun, und zu lehren in Israel Gebote und Rechte.

11 Und dies ist der Inhalt des Briefes, den der König Arthahsastha gab Esra, dem Priester, dem Schriftgelehrten, der ein Lehrer war in den Worten des HERRN und seiner Gebote über Israel:

12 Arthahsastha, König aller Könige, Esra, dem Priester und Schriftgelehrten im Gesetz des Gottes des Himmels, Friede und Gruß!

13 Von mir ist befohlen, daß alle, die da willig sind in meinem Reich, des Volkes

Israel und der Priester und Leviten, gen Jerusalem zu ziehen, daß die mit dir ziehen,

14 dieweil du vom König und seinen sieben Ratsherren gesandt bist, zu besichtigen Juda und Jerusalem nach dem Gesetz Gottes, das unter deiner Hand ist,

15 und hinzubringen Silber und Gold, das der König und seine Ratsherren freiwillig geben dem Gott Israels, des Wohnung zu Jerusalem ist,

16 und allerlei Silber und Gold, das du finden kannst in der ganzen Landschaft Babel, mit dem, was das Volk und die Priester freiwillig geben zum Hause ihres Gottes zu Jerusalem.

17 Alles das nimm und kaufe mit Fleiß von dem Gelde Farren, Widder, Lämmer und die Speisopfer und Trankopfer dazu, daß man opfere auf dem Altar beim Hause eures Gottes zu Jerusalem.

18 Dazu was dir und deinen Brüdern mit dem übrigen Gelde zu tun gefällt, das tut nach dem Willen eures Gottes.

19 Und die Gefäße, die dir gegeben sind zum Amt im Hause Gottes,

überantworte vor Gott zu Jerusalem.

20 Auch was mehr not sein wird zum Hause deines Gottes, das dir vorfällt auszugeben, das laß geben aus der Kammer des Königs.

21 Ich, König Arthahsastha, habe dies befohlen den Schatzmeistern jenseit des Wassers, daß, was Esra von euch fordern wird, der Priester und Schriftgelehrte im Gesetz des Gottes des Himmels, daß ihr das fleißig tut,

22 bis auf hundert Zentner Silber und auf hundert Kor Weizen und auf hundert Bath Wein und auf hundert Bath Öl und Salz ohne Maß.

23 Alles was gehört zum Gesetz des Gottes des Himmels, daß man dasselbe fleißig tue zum Hause des Gottes des Himmels, daß nicht ein Zorn komme über das Königreich des Königs und seiner Kinder.

24 Und euch sei kund, daß ihr nicht Macht habt, Zins, Zoll und jährliche Rente zu legen auf irgend einen Priester, Leviten, Sänger, Torhüter, Tempelknecht und Diener im Hause dieses Gottes.

25 Du aber, Esra, nach der Weisheit

deines Gottes, die unter deiner Hand ist, setze Richter und Pfleger, die alles Volk richten, das jenseit des Wassers ist, alle, die das Gesetz deines Gottes wissen; und welche es nicht wissen, die lehret es.

26 Und ein jeglicher, der nicht mit Fleiß tun wird das Gesetz deines Gottes und das Gesetz des Königs, der soll sein Urteil um der Tat willen haben, es sei zum Tod oder in die Acht oder zur Buße am Gut oder ins Gefängnis.

27 Gelobt sei der HERR, unsrer Väter Gott, der solches hat dem König eingegeben, daß er das Haus des HERRN zu Jerusalem ziere,

28 und hat zu mir Barmherzigkeit geneigt vor dem König und seinen Ratsherren und allen Gewaltigen des Königs! Und ich ward getrost nach der Hand des HERRN, meines Gottes, über mir und versammelte Häupter aus Israel, daß sie mit mir hinaufzögen.

8. Kapitel

Esras Reisegefährten, Fasten und Weihgeschenke. Ankunft in Jerusalem.

1 Dies sind die Häupter ihrer Vaterhäuser und ihr Geschlecht, die mit mir heraufzogen von Babel zu den Zeiten, da der König Arthahsastha regierte:

2 Von den Kindern Pinhas: Gersom; von den Kinder Ithamar: Daniel; von den Kindern David: Hattus,

3 von den Kindern Sechanja; von den Kindern Pareos: Sacharja und mit ihm Mannsbilder, gerechnet hundertfünfzig;

4 von den Kindern Pahath-Moab: Eljoenai, der Sohn Serahjas, und mit ihm zweihundert Mannsbilder;

5 von den Kindern Satthu: Sechanja, der Sohn Jahasiels, und mit ihm dreihundert Mannsbilder;

6 von den Kindern Adin: Ebed, der Sohn Jonathan, und mit ihm fünfzig Mannsbilder;

7 von den Kindern Elam: Jesaja, der Sohn Athaljas, und mit ihm siebzig Mannsbilder;

8 von den Kindern Sephatja: Sebadja, der Sohn Michaels und mit ihm achtzig Mannsbilder;

9 von den Kindern Joab: Obadja, der Sohn Jehiels, und mit ihm zweihundertachtzehn Mannsbilder;

10 von den Kindern Bani: Selomith, der Sohn Josiphjas, und mit ihm hundertsechzig Mannsbilder;

11 von den Kindern Bebai: Sacharja, der Sohn Bebais, und mit ihm achtundzwanzig Mannsbilder;

12 von den Kindern Asgad: Johanan, der Sohn Hakkatans, und mit ihm hundertundzehn Mannsbilder;

13 von den Kindern Adonikams die letzten, und hießen also: Eliphelet, Jeiel und Semaja, und mit ihnen sechzig Mannsbilder;

14 von den Kindern Bigevai: Uthai und Sabbud und mit ihnen siebzig Mannsbilder.

15 Und ich versammelte sie ans Wasser, das gen Ahava kommt; und wir bleiben drei Tage daselbst. Und da ich achthatte aufs Volk und die Priester, fand ich keine Leviten daselbst.

16 Da sandte ich hin Elieser, Ariel, Semaja, Elnathan, Jarib, Elnathan, Nathan, Sacharja und Mesullam, die Obersten, und Jojarib und Elnathan, die Lehrer,

17 und sandte sie aus zu Iddo, dem Obersten, gen Kasphia, daß sie uns holten Diener für das Haus unsers Gottes. Und ich gab ihnen ein, was sie reden sollten mit Iddo und seinen Brüdern, den Tempelknechten, zu Kasphia.

18 Und sie brachten uns, nach der guten Hand unsres Gottes über uns, einen klugen Mann aus den Kindern Maheli, des Sohnes Levis, des Sohnes Israels, und Serebja mit seinen Söhnen und Brüdern, achtzehn,

19 und Hasabja und mit ihm Jesaja von den Kindern Merari mit seinen Brüdern und ihren Söhnen, zwanzig,

20 und von den Tempelknechten, die David und die Fürsten gaben, zu dienen den Leviten, zweihundertundzwanzig, alle mit Namen genannt.

21 Und ich ließ daselbst am Wasser bei Ahava ein Fasten ausrufen, daß wir uns demütigten vor unserm Gott, zu suchen von ihm einen richtigen Weg für uns und

unsre Kinder und alle unsre Habe.

22 Denn ich schämte mich vom König Geleit und Reiter zu fordern, uns wider die Feinde zu helfen auf dem Wege. Denn wir hatten dem König gesagt: Die Hand unsres Gottes ist zum Besten über alle, die ihn suchen, und seine Stärke und Zorn über alle, die ihn verlassen.

23 Also fasteten wir und suchten solches von unserm Gott, und er hörte uns.

24 Und ich sonderte zwölf aus von den obersten Priestern, dazu Serebja und Hasabja und mit ihnen ihrer Brüder zehn,

25 und wog ihnen dar das Silber und Gold und die Gefäße zur Hebe für das Haus unsres Gottes, welche der König und seine Ratsherren und Fürsten und ganz Israel, das vorhanden war, zur Hebe gegeben hatten.

26 Und wog ihnen dar unter ihre Hand sechshundertundfünfzig Zentner Silber und an silbernen Gefäßen hundert Zentner und an Gold hundert Zentner,

27 zwanzig goldene Becher, tausend Goldgulden wert, und zwei eherne, köstliche Gefäße, lauter wie Gold.

28 Und sprach zu ihnen: Ihr seid heilig

dem HERRN, so sind die Gefäße auch heilig; dazu das frei gegebene Silber und Gold dem HERRN, eurer Väter Gott.

29 So wacht und bewahrt es, bis daß ihr's darwägt vor den Obersten Priestern und Leviten und den Obersten der Vaterhäuser in Israel zu Jerusalem in die Kammer des Hauses des HERRN.

30 Da nahmen die Priester und Leviten das gewogene Silber und Gold und die Gefäße, daß sie es brächten gen Jerusalem zum Hause unsres Gottes.

31 Also brachen wir auf von dem Wasser Ahava am zwölften Tage des ersten Monats, daß wir gen Jerusalem zögen. Und die Hand unsres Gottes war über uns und errettete uns von der Hand der Feinde und derer, die uns nachstellten auf dem Wege.

32 Und wir kamen gen Jerusalem und blieben daselbst drei Tage.

33 Aber am vierten Tage wurden dargewogen das Silber und Gold und die Gefäße ins Haus unsres Gottes unter die Hand des Priesters Meremoth, des Sohnes Urias, und mit ihm Eleasar, dem Sohn Pinehas, und mit ihnen Josabad,

dem Sohn Jesuas, und Noadja, dem Sohn Binnuis, den Leviten,

34 nach Zahl und Gewicht eines jeglichen; und das Gewicht ward zu der Zeit alles aufgeschrieben.

35 Und die Kinder der Gefangenschaft, die aus der Gefangenschaft gekommen waren, opferten Brandopfer dem Gott Israels: zwölf Farren für das ganze Israel, sechsundneunzig Widder, siebenundsiebzig Lämmer, zwölf Böcke zum Sündopfer, alles zum Brandopfer dem HERRN.

36 Und sie überantworteten des Königs Befehle den Amtleuten des Königs und den Landpflegern diesseit des Wassers. Und diese halfen dem Volk und dem Hause Gottes.

9. Kapitel

*Heiraten mit fremden Weibern.
Esras Trauer und Bußgebet.*

1 Da das alles war ausgerichtet, traten zu mir die Obersten und sprachen: Das Volk

Israel und die Priester und Leviten sind nicht abgesondert von den Völkern in den Ländern nach ihren Gräueln, nämlich die Kanaaniter, Hethiter, Pheresiter, Jebusiter, Ammoniter, Moabiter, Ägypter und Amoriter;

2 denn sie haben derselben Töchter genommen sich und ihren Söhnen und den heiligen Samen gemein gemacht mit den Völkern in den Ländern. Und die Hand der Obersten und Ratsherren war die vornehmste in dieser Missetat.

3 Da ich solches hörte, zerriß ich mein Kleid und meinen Rock und raufte mein Haupthaar und Bart aus und saß bestürzt.

4 Und es versammelten sich zu mir alle, die des HERRN Wort, des Gottes Israels, fürchteten, um der Vergreifung willen derer, die gefangen gewesen waren; und ich saß bestürzt bis an das Abendopfer.

5 Und um das Abendopfer stand ich auf von meinem Elend und zerriß mein Kleid und meinen Rock und fiel auf meine Knie und breitete meine Hände aus zu dem HERRN, meinem Gott,

6 und sprach: Mein Gott, ich schäme mich und scheue mich, meine Augen

aufzuheben zu dir, mein Gott; denn unsre Missetat ist über unser Haupt gewachsen und unsre Schuld ist groß bis in den Himmel.

7 Von der Zeit unsrer Väter an sind wir in großer Schuld gewesen bis auf diesen Tag, und um unsrer Missetat willen sind wir und unsre Könige und Priester gegeben in die Hand der Könige in den Ländern, ins Schwert, ins Gefängnis in Raub und in Scham des Angesichts, wie es heutigestages geht.

8 Nun aber ist einen kleinen Augenblick Gnade von dem HERRN, unserm Gott, geschehen, daß uns noch Entronnene übriggelassen sind, daß er uns gebe einen Nagel an seiner heiligen Stätte, daß unser Gott unsre Augen erleuchte und gebe uns ein wenig Leben, da wir Knechte sind.

9 Denn wir sind Knechte, und unser Gott hat uns nicht verlassen, ob wir Knechte sind, und hat Barmherzigkeit zu uns geneigt vor den Königen in Persien, daß sie uns das Leben gelassen haben und erhöht das Haus unsers Gottes und aufgerichtet seine Verstörung und uns

gegeben einen Zaun in Juda und Jerusalem.

10 Nun, was sollen wir sagen, unser Gott, nach diesem, daß wir deine Gebote verlassen haben,

11 die du durch deine Knechte, die Propheten, geboten hast und gesagt: Das Land, darein ihr kommt, es zu erben, ist ein unreines Land durch die Unreinigkeit der Völker in den Ländern in ihren Gräueln, womit sie es an allen Enden voll Unreinigkeit gemacht haben.

12 So sollt ihr nun eure Töchter nicht geben ihren Söhnen, und ihre Töchter sollt ihr euren Söhnen nicht nehmen; und sucht nicht ihren Frieden noch ihr Gutes ewiglich, auf daß ihr mächtig werdet und esset das Gute im Lande und vererbt es auf eure Kinder ewiglich.

13 Und nach dem allem, was über uns gekommen ist um unsrer bösen Werke großer Schuld willen, hast du, unser Gott, unsre Missetat verschont und hast uns eine Errettung gegeben, wie es da steht.

14 Sollten wir wiederum deine Gebote lassen fahren, daß wir uns mit den Völkern dieser Gräuel befreundeten?

Wirst du nicht über uns zürnen, bis daß es ganz aus sei, daß nichts Übriges noch keine Errettung sei?

15 HERR, Gott Israels, du bist gerecht; denn wir sind übriggeblieben als Errettete, wie es heute steht. Siehe, wir sind vor dir in unsrer Schuld; denn um deswillen ist nicht zu bestehen vor dir.

10. Kapitel

Die fremden Weiber werden von den Israeliten ausgesondert.

1 Und da Esra also betete und bekannte, weinte und vor dem Hause Gottes lag, sammelten sich zu ihm aus Israel eine sehr große Gemeinde von Männern und Weibern und Kindern; denn das Volk weinte sehr.

2 Und Sechanja, der Sohn Jehiels, aus den Kindern Elam, antwortete und sprach zu Esra: Wohlan, wir haben uns an unserm Gott vergriffen, daß wir fremde Weiber aus den Völkern des Landes genommen haben. Nun, es ist noch

Hoffnung für Israel über dem.

3 So laßt uns einen Bund machen mit unserm Gott, daß wir alle Weiber und die von ihnen geboren sind, hinaustun nach dem Rat des HERRN und derer, die die Gebote unsers Gottes fürchten, daß man tue nach dem Gesetz.

4 So mache dich auf! denn dir gebührt's; wir wollen mit dir sein. Sei getrost und tue es!

5 Da stand Esra auf und nahm einen Eid von den Obersten der Priester und Leviten und des ganzen Israels, daß sie nach diesem Wort tun sollten. Und sie schwuren.

6 Und Esra stand auf vor dem Hause Gottes und ging in die Kammer Johanans, des Sohnes Eljasibs. Und da er dahin kam, aß er kein Brot und trank kein Wasser; denn er trug Leid um die Vergreifung derer, die gefangen gewesen waren.

7 Und sie ließen ausrufen durch Juda und Jerusalem zu allen, die gefangen gewesen waren, daß sie sich gen Jerusalem versammelten.

8 Und welcher nicht käme in drei Tagen nach dem Rat der Obersten und Ältesten, des Habe sollte alle verbannt sein und er abgesondert von der Gemeinde der Gefangenen.

9 Da versammelten sich alle Männer Juda's und Benjamins gen Jerusalem in drei Tagen, das ist am zwanzigsten Tage des neunten Monats. Und alles Volk saß auf der Straße vor dem Hause Gottes und zitterte um der Sache willen und vom Regen.

10 Und Esra, der Priester, stand auf und sprach zu ihnen: Ihr habt euch vergriffen, daß ihr fremde Weiber genommen habt, daß ihr der Schuld Israels noch mehr machtet.

11 So bekennt nun dem HERRN, eurer Väter Gott, und tut sein Wohlgefallen und scheidet euch von den Völkern des Landes und von den fremden Weibern.

12 Da antwortete die ganze Gemeinde und sprach mit lauter Stimme: Es geschehe, wie du uns gesagt hast.

13 Aber des Volks ist viel, und Regenzeit, und man kann nicht draußen stehen; so ist's auch nicht eines oder

zweier Tage Werk, denn wir haben viel gemacht solcher Übertretungen.

14 Laßt uns unsre Obersten bestellen für die ganze Gemeinde, daß alle, die in unsern Städten fremde Weiber genommen haben, zu bestimmten Zeiten kommen und die Ältesten einer jeglichen Stadt und ihre Richter mit ihnen, bis daß von uns gewendet werde der Zorn unseres Gottes um dieser Sache willen.

15 (Nur Jonathan, der Sohn Asahels, und Jahseja, der Sohn Tikwas, setzten sich dawider, und Mesullam und Sabthai, der Levit, halfen ihnen.)

16 Und die Kinder der Gefangenschaft taten also. Und der Priester Esra und Männer, welche die Häupter ihrer Vaterhäuser waren, alle mit Namen genannt, wurden ausgesondert und setzten sich am ersten Tage des zehnten Monats, zu erforschen diese Sache;

17 und sie richteten es aus an allen Männern, die fremde Weiber hatten, bis zum ersten Tage des ersten Monats.

18 Und es wurden gefunden unter den Kindern der Priester, die fremde Weiber genommen hatten, nämlich unter den

Kindern Jesuas, des Sohnes Jozadaks, und seinen Brüdern Maaseja, Elieser, Jarib und Gedalja,

19 und sie gaben ihre Hand darauf, daß sie die Weiber wollten ausstoßen und zu ihrem Schuldopfer einen Widder für ihre Schuld geben;

20 unter den Kindern Immer: Hanani und Sebadja;

21 unter den Kindern Harim: Maaseja, Elia, Semaja Jehiel und Usia;

22 unter den Kindern Pashur: Eljoenai, Maaseja, Ismael, Nathanael, Josabad und Eleasa;

23 unter den Leviten: Josabad, Simei und Kelaja (er ist der Kelita), Pethahja, Juda und Elieser;

24 unter den Sängern: Eljasib; unter den Torhütern: Sallum, Telem und Uri.

25 Von Israel unter den Kindern Pareos: Ramja, Jesia, Malchia, Mijamin, Eleasar, Malchia und Benaja;

26 unter den Kindern Elam: Matthanja, Sacharja, Jehiel, Abdi, Jeremoth und Elia;

27 unter den Kindern Satthu: Eljoenai, Eljasib, Matthanja, Jeremoth, Sabad und Asisa;

28 unter den Kindern Bebai: Johanan, Hananja, Sabbai und Athlai;

29 unter den Kindern Bani: Mesullam, Malluch, Adaja, Jasub, Seal und Jeremoth;

30 unter den Kindern Pahath-Moab: Adna, Chelal, Benaja, Maaseja, Matthanja, Bezaleel, Binnui und Manasse;

31 unter den Kindern Harim: Elieser, Jissia, Malchia, Semaja Simeon,

32 Benjamin, Malluch und Semarja;

33 unter den Kindern Hasum: Matthnai, Matthattha, Sabad, Eliphelet, Jeremai, Manasse und Simei;

34 unter den Kindern Bani: Maedai, Amram, Uel,

35 Benaja, Bedja, Cheluhi,

36 Vanja, Meremoth, Eljasib,

37 Matthanja, Matthnai, Jaesai,

38 Bani, Binnui, Simei,

39 Selemja, Nathan, Adaja,

40 Machnadbai, Sasai, Sarai,

41 Asareel, Selemja, Semarja,

42 Sallum, Amarja und Joseph;

43 unter den Kindern Nebo: Jeiel, Matthithja, Sabad, Sebina, Jaddai, Joel und Benaja.

44 Diese alle hatten fremde Weiber genommen; und waren etliche unter denselben Weibern, die Kinder getragen hatten.